Liebe Eltern,

es ist soweit: Ihr Kind geht in die Schule. Lange hat es sich darauf gefreut, endlich lesen und rechnen zu lernen. Im Anfangsunterricht begegnen Kindern diese Themen weniger spielerisch, als sie das aus dem Kindergarten kennen. Die Lust am Spielen verliert Ihr Kind mit Beginn der Schulzeit aber noch lange nicht. Um genau darauf einzugehen, sind in diesem Lern-Spiel-Buch alle Lerninhalte als Spiele aufbereitet. Die Spielsituation fördert Themen aus der ersten Jahrgangsstufe auf höchst motivierende Weise. So lernt Ihr Kind mit Ihnen oder einem Freund kindgemäß, ohne Druck und ganz nebenbei.

Die 7 Spielprinzipien in diesem Spielbuch wiederholen sich zu unterschiedlichen Inhalten. Jedes Spielprinzip hat seine eigene Hintergrundfarbe. Sie finden die Anleitungen auf den folgenden Seiten sowie am Ende des Buches. Erklären Sie Ihrem Kind die Spiele, anschließend kann Ihr Kind gemeinsam mit einem Spielpartner eigenständig mit dem Buch umgehen. Durch die gemeinsame Beschäftigung werden die Kooperations- und Kommunikationsfähigkeit sowie die soziale Kompetenz Ihres Kindes gefördert.

Einige Spiele können auch allein gespielt werden. Diese Anleitung finden Sie jeweils unten am Seitenrand. In diesem Fall ist es sinnvoll, dass Ihr Kind die Möglichkeit zur Kontrolle durch einen Erwachsenen hat.

Liebe Kinder,

in diesem Buch könnt ihr zu zweit und allein spielen. Wählt ein Spiel aus. Wenn ihr zu zweit spielt, setzt ihr euch einander gegenüber und schlagt das Buch so auf, dass jeder einen der Spielpläne vor sich liegen hat. Jeder sucht die Spiel-Pads zusammen, die in klein unter seinem Spielplan angegeben sind.

Wisst ihr schon, wie das gewählte Spiel funktioniert? Prima. Wenn nicht, dann lasst euch einmal zu Beginn die Anleitung von einem Erwachsenen vorlesen oder erklären.

Jetzt ist noch eines wichtig: Seht euch den Arbeitsauftrag auf der Seite an, damit ihr wisst, worauf es im Spiel ankommt. Wenn einer allein spielt, gelten die Regeln, die unten am Seitenrand stehen.

Übrigens – an den Sternen könnt ihr erkennen, wie schwierig das Spiel ist, das ihr euch ausgesucht habt.

★☆☆ Leicht

★★☆ Mittel

★★★ Schwer

Und dann kann es losgehen – viel Spaß!

Qui-Qua-Qualle

Seht unten auf der Buchseite nach, welche Spiel-Pads ihr benötigt. Mischt die Pads von beiden Spielern und legt sie verdeckt neben dem Buch auf den Tisch. Deckt nun abwechselnd ein Spiel-Pad auf und legt es auf eure Qualle. Am besten sprecht ihr dazu: „Qui-Qua-Qualle“ und bei „Qualle“ muss das Pad mit dem Bild nach oben auf der Qualle liegen. Jetzt überprüft ihr beide, ob das Pad auf eurer eigenen Seite passt. Passt das Bild auf deiner Seite, legst du schnell deine Hand auf das Spiel-Pad in der Qualle. Liegt deine Hand zuerst auf dem Spiel-Pad (in der Qualle), darfst du das Pad nehmen und auf deiner Buchseite in den passenden Rahmen kleben. Legst du die Hand auf das Pad, obwohl es gar nicht auf deiner Seite passt, gehört es deinem Mitspieler.

Gewonnen hat, wer am Ende die meisten Bilder bedeckt hat.

Tartaruga

Seht unten auf der Seite nach, welche Spiel-Pads ihr für das Spiel benötigt. Mischt die Pads von beiden Spielern. Legt alle Pads verdeckt neben dem Buch auf den Tisch. Deckt nun abwechselnd ein Spiel-Pad auf. Benennt das Pad, das ihr gezogen habt. Nun überprüft jeder die Felder auf seiner Seite. Wer auf seiner Seite ein dazu passendes Feld findet, darf das Pad dort ablegen. Gewonnen hat, wer zuerst alle Felder in einer Reihe (übereinander, nebeneinander, nicht diagonal) mit Pads bedeckt hat.

Dieses Spiel kannst du auch allein versuchen.

Seestern

Hier könnt ihr manchmal gemeinsam, manchmal gegeneinander spielen.

Gemeinsam spielen: Ihr seht zwei Spielfelder untereinander.

Setzt euch nebeneinander. Legt die unten angegebenen Spiel-Pads bereit. Nehmt euch erst die obere Sternenzacke vor: Rechnet die Aufgaben aus. Füllt dazu die leeren Kästchen mit den Spiel-Pads so, dass jede Seite der Zacke die Zahl ergibt, die im Arbeitsauftrag angegeben ist. Kontrolliert gemeinsam, ob ihr alles richtig gelöst habt. Versucht dann, das untere Feld zu lösen.

Gegeneinander spielen: Ihr seht zwei Spielfelder gegenüber.

Seht jeder auf eurer Buchseite nach, welche Spiel-Pads ihr benötigt. Füllt – jeder für sich – die noch leeren Kästchen mit den eigenen Spiel-Pads so, dass jede Seite der Sternenzacke immer das Ergebnis hat, das im Arbeitsauftrag angegeben ist. Danach dreht ihr das Buch so, dass ihr das Spielfeld eures Mitspielers vor euch habt. Kontrolliert, ob der andere alles richtig gelöst hat. Wer seine Zacke am schnellsten richtig ausgefüllt hat, hat gewonnen.

Beide Varianten kannst du auch allein versuchen.

Unter Wasser

Setzt euch nebeneinander. Seht unten auf der Buchseite nach, welche Spiel-Pads ihr benötigt. Macht aus, wer beginnt. Betrachtet das Unterwasser-Bild genau. Erzähle deinem Partner, was du siehst. Achte nun auf die Tiere und Gegenstände: Welche Rechnungen machen sie vor? Füllt die Lücken in den Rechnungszeilen passend zu den Szenen im Bild.

Dieses Spiel kannst du auch allein versuchen.

Tiefsee-Tipp

Hier spielt ein Spieler mit dem roten Spiel-Pad, der andere mit dem blauen. Betrachte die erste Reihe auf deiner Buchseite genau: Was passt nicht in die Reihe? Decke dieses Kästchen mit deinem Pad ab.

Kontrolliert euch gegenseitig nach jeder Reihe: Dazu dreht ihr das Buch so, dass jeder die Seite des anderen vor sich liegen hat. Alles richtig?

Jetzt nehmt ihr das Spiel-Pad aus dem Buch und jeder überlegt, was in der nächsten Reihe nicht passt. Danach wird das Buch wieder gedreht. Das macht ihr solange, bis ihr alle Reihen bearbeitet habt.

Dieses Spiel kannst du auch allein versuchen.

Riff-Rallye

Setzt euch nebeneinander. Seht unten auf der Buchseite nach, welche Spiel-Pads ihr benötigt. Mischt die Pads von beiden Spielern verdeckt und verteilt sie wieder gleichmäßig unter euch. Jeder legt nun seine Pads verdeckt als Reihe vor sich ab. Der jüngere Spieler beginnt und sieht heimlich unter eines seiner Pads.

Passt es zu einem der beiden Bilder ganz außen im Kärtchen-Riff, darfst du es dort in die farbige Fläche kleben. Du hast also immer zwei Möglichkeiten, dein Pad anzulegen: Ganz oben und ganz unten im Kärtchen-Riff. Gespielt wird von außen nach innen, an die inneren Bilder darfst du erst anlegen, wenn in der farbigen Fläche zuvor bereits ein Pad klebt.

Kannst du an beiden Stellen nicht anlegen, legst du das Pad wieder verdeckt vor dich hin. Merke dir gut, was unter dem Pad zu sehen war. Jetzt ist dein Mitspieler an der Reihe. Gewonnen hat, wer als Erster alle seine Pads eingeklebt hat.

Dieses Spiel kannst du auch allein versuchen. Wenn du Lust hast, kannst du dabei die Zeit stoppen.

Finde-Fisch

siehe letzte Seite

Welcher Buchstabe klingt am Anfang?
A
J
A
SCH
I
Qui-Qua-Qualle

Welcher Buchstabe klingt am Anfang?
A
E
L
U
PF
QU
Qui-Qua-Qualle

Wie viele sind es?

Wenn du hier allein spielst, lege alle angegebenen Spiel-Pads vor dich hin und finde Paare.
Wenn du Lust hast, kannst du dabei die Zeit stoppen.

Riff-Rallye

Was passt nicht?
Achte auf den Wortanfang.

Wenn du hier allein spielst, bearbeite eine Reihe nach der anderen.

Tiefsee-Tipp

★☆☆

Was passt nicht?
Achte auf den Wortanfang.

Tiefsee-Tipp

Wenn du hier allein spielst, bearbeite eine Reihe nach der anderen.

★★☆

Finde den Nachfolger.

17	2	4
5	19	11
19	4	17

3 4 5 18 19 20

Wenn du hier allein spielst, lege alle angegebenen Spiel-Pads vor dich hin. Finde jeweils den Nachfolger.

★★☆

Finde den Nachfolger.

3	7	18
6.	3	12
7	15	6.

6. 7 8 12 13 16

Wenn du hier allein spielst, lege alle angegebenen Spiel-Pads vor dich hin. Finde jeweils den Nachfolger.

Tartaruga

★★☆

Ergänze jede Seite auf 10.

Wenn du hier allein spielst, bearbeite erst die obere Sternenzacke, dann die untere.

Seestern

★★☆

Zu welchem Teil des Bildes passt das Wort?

START

1 Wrack

2 Krebs

3 Schnorchel

4 Anker

5 Schatz

1 2 3 4 5

Wenn du hier allein spielst, lies alle Wörter. Lege die Zahlen-Pads auf den passenden Bildausschnitt.

Finde-Fisch

EN DE

Lege sinnvolle Wörter.

ZIE

SCHNAR

KRÖ

TO

☐	LE
☐	PA
PI	☐
☐	GEL

GE	PA	TE	AU
DEL	CHEN	RAT	I

Wenn du hier allein spielst, lege alle angegebenen Spiel-Pads vor dich hin und bilde sinnvolle Wörter.
Wenn du Lust hast, kannst du dabei die Zeit stoppen.

Spiegel IGEL

Finde Reime.

Klavier

Nase

Schwein

Jacht

Meer

Pirat

4 8 RAT ROSE

★☆☆

Finde Reime.

Spiegel
IGEL

Salat

Stier

nass

Nacht

Knie

Hose

DER DAS DIE HASE STEIN

Welcher Buchstabe klingt am Anfang?

Wenn du hier allein spielst, lege alle angegebenen Spiel-Pads vor dich hin. Finde jeweils den Anlaut.

Tartaruga

Welcher Buchstabe klingt am Anfang?

Wenn du hier allein spielst, lege alle angegebenen Spiel-Pads vor dich hin. Finde jeweils den Anlaut.

★★☆

Was passt nicht?
Achte auf das Ergebnis.

10 - 7	6 - 3	9 - 6	5 - 3	3 - 0
2 + 4	9 - 4	3 + 3	7 - 1	10 - 4
10 - 6	1 + 3	7 - 3	4 - 0	8 - 5

Wenn du hier allein spielst, bearbeite eine Reihe nach der anderen.

Tiefsee-Tipp

Was passt nicht?
Achte auf das Ergebnis.

9 - 6	8 - 5	10 - 6	5 - 2	7 - 4
4 + 2	7 - 2	5 + 1	10 - 4	9 - 3
7 - 3	2 + 2	8 - 4	9 - 3	6 - 2

Wenn du hier allein spielst, bearbeite eine Reihe nach der anderen.

Tiefsee-Tipp

★★☆ Wie viele Silben hat das Wort?

See|stern

Un|ter|was|ser|schne|cke

Kro|ko|dil|wär|ter|häus|chen

Tin|ten|fisch

Tief|see|tau|cher

Hai

Fi|scher|netz|ein|hol|ma|schi|ne

1 2 3 4

5 6. 7 8

Tief|see|tauch|glo|cke

Wenn du hier allein spielst, lege alle angegebenen Spiel-Pads vor dich hin und finde Paare.
Wenn du Lust hast, kannst du dabei die Zeit stoppen.

★★★ Welcher Buchstabe klingt in der Mitte?

PF

★★★
Welcher Buchstabe klingt in der Mitte?
PF
E
A
TZ
SCH
Qui-Qua-Qualle

★★☆

Welche Rechnungen findest du im Bild?

Unter Wasser

	6	+		=	
		+	4	=	
		+		=	

1 2 3 4 5 7 8

Findest du die Rechnungen im Bild auch ganz allein? Zeig dein Ergebnis einem guten Rechner zum Kontrollieren.

★★☆

2 3 Finde den Nachfolger.

17	12	5
19	17	15
11	5	19

6. 7 11 12 13 14

Wenn du hier allein spielst, lege alle angegebenen Spiel-Pads vor dich hin. Finde jeweils den Nachfolger.

Tartaruga

Finde den Nachfolger.

18	13	6.
16	14	10
14	6.	18

15 16 17 18 19 20

Wenn du hier allein spielst, lege alle angegebenen Spiel-Pads vor dich hin. Finde jeweils den Nachfolger.

Tartaruga

EN DE

★★☆ Lege sinnvolle Wörter.

KU

BISS

TUR

KNE

O

GLU

NER

FIN

CHEN	GE	NA	TE
DEL	PA	DIE	I

Wenn du hier allein spielst, lege alle angegebenen Spiel-Pads vor dich hin und bilde sinnvolle Wörter.
Wenn du Lust hast, kannst du dabei die Zeit stoppen.

★★☆
Zu welchem Teil des Bildes passt der Satz?

START

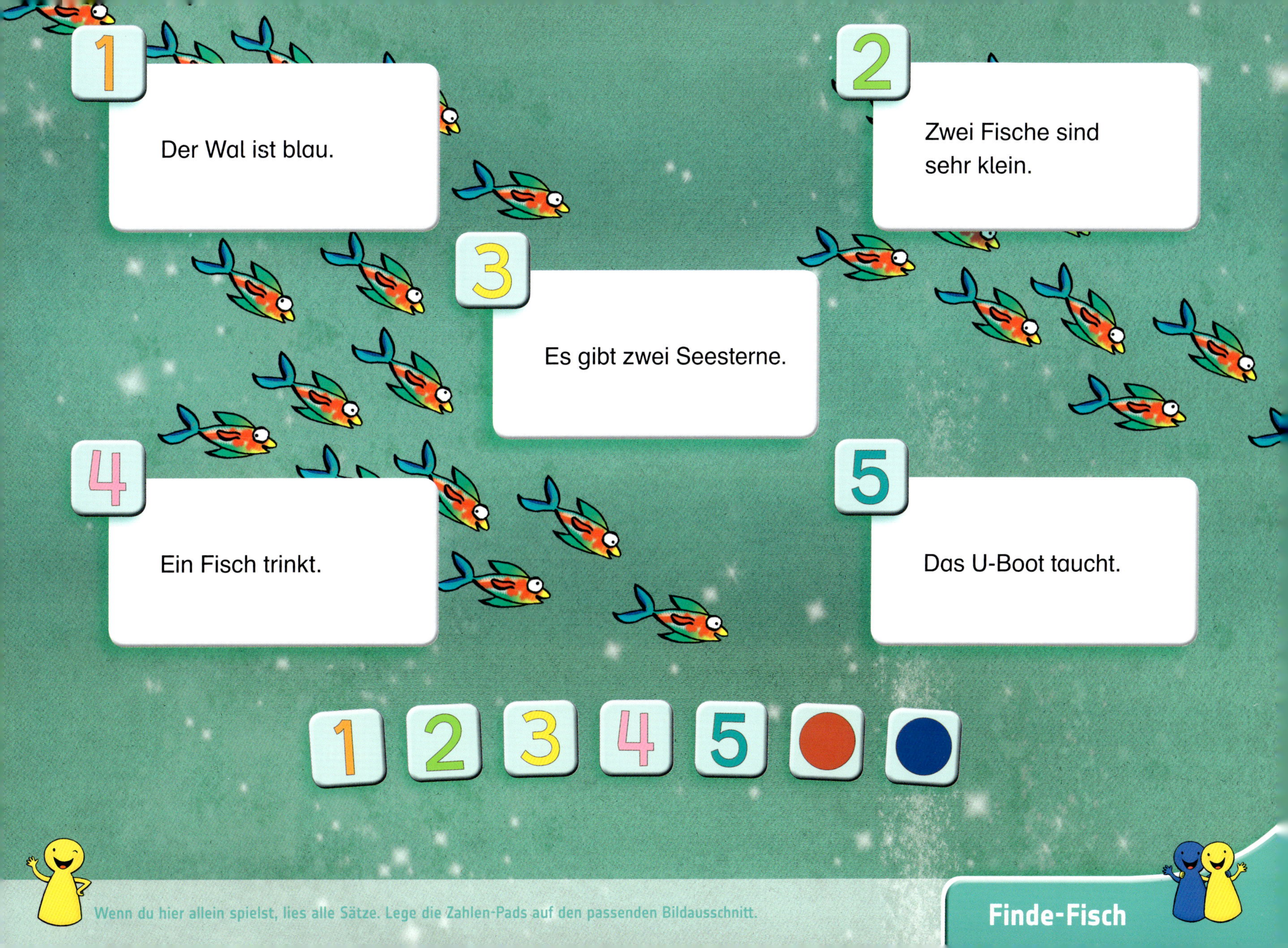

1

Der Wal ist blau.

2

Zwei Fische sind
sehr klein.

3

Es gibt zwei Seesterne.

4

Ein Fisch trinkt.

5

Das U-Boot taucht.

1 2 3 4 5

Wenn du hier allein spielst, lies alle Sätze. Lege die Zahlen-Pads auf den passenden Bildausschnitt.

Finde-Fisch

Was passt nicht?
Achte auf den Inhalt.

Maus	Fisch	Leiter	Kuh	Katze
Apfel	Banane	Erdbeere	Sofa	Kirsche
Schrank	Bett	Regal	Tisch	Turm

Wenn du hier allein spielst, bearbeite eine Reihe nach der anderen.

Tiefsee-Tipp

★★☆

Was passt nicht?
Achte auf den Inhalt.

Ameise	Lampe	Esel	Hund	Tiger
Tomate	Gurke	Heft	Paprika	Karotte
Hemd	Hose	Schuhe	Vogel	Kleid

Wenn du hier allein spielst, bearbeite eine Reihe nach der anderen.

Tiefsee-Tipp

★★☆

Finde den Vorgänger.

5	16	17
12	3	19
3	17	5

4 6. 7 16 18 19

Wenn du hier allein spielst, lege alle angegebenen Spiel-Pads vor dich hin. Finde jeweils den Vorgänger.

Tartaruga

★★☆

Finde den Vorgänger.

2	14	7
20	4	2
14	8	20

1 2 3 11 13 15

Wenn du hier allein spielst, lege alle angegebenen Spiel-Pads vor dich hin. Finde jeweils den Vorgänger.

★★☆ Finde immer das Ergebnis.

8 - 5

7 - 3

4 - 2

9 - 2

8 - 3	
5 - 4	
10 - 4	
9 - 1	

1	2	3	4
5	6.	7	8

Wenn du hier allein spielst, lege alle angegebenen Spiel-Pads vor dich hin und finde Paare.
Wenn du Lust hast, kannst du dabei die Zeit stoppen.

Ergänze jede Seite auf 10.

Wenn du hier allein spielst, bearbeite erst die eine Sternenzacke, dann die andere.

★★☆

Ergänze jede Seite auf 10.

Wenn du hier allein spielst, bearbeite erst die eine Sternenzacke, dann die andere.

Was passt nicht?
Achte auf den Begleiter.

Wenn du hier allein spielst, bearbeite eine Reihe nach der anderen.

Tiefsee-Tipp

Was passt nicht?
Achte auf den Begleiter.

Wenn du hier allein spielst, bearbeite eine Reihe nach der anderen.

Tiefsee-Tipp

★★★ Zu welchem Teil des Bildes passt der Satz?

START

1

Ein Hai
jagt
einen Fisch.

2

Neben dem
Schiff
liegt Gold.

3

Das versunkene
Schiff hat
einen Anker.

4

Der Krebs
wohnt in
einer Muschel.

5

Ein Hai
frisst
einen Fisch.

1 2 3 4 5

Wenn du hier allein spielst, lies alle Sätze. Lege die Zahlen-Pads auf den passenden Bildausschnitt.

★★★
Ergänze jede Seite auf 20.

Wenn du hier allein spielst, bearbeite erst die obere Sternenzacke, dann die untere.

Seestern

★★★ Welcher Buchstabe klingt am Ende?

★★★
Welcher Buchstabe klingt am Ende?
L
PF
CH
TZ
L
U
Qui-Qua-Qualle

★★★

Welche Rechnungen findest du im Bild?

	12	-		=	
		-	9	=	
		-		=	

4 5 7 8 10 15 16

Findest du die Rechnungen im Bild auch ganz allein? Zeig dein Ergebnis einem guten Rechner zum Kontrollieren.

★★★

Was passt nicht?
Achte auf das Ergebnis.

6 + 7	19 - 6	8 + 5	4 + 9	17 - 5
18 - 9	12 - 3	3 + 8	16 - 7	5 + 4
9 + 6	7 + 8	19 - 4	6 + 7	17 - 2

Wenn du hier allein spielst, bearbeite eine Reihe nach der anderen.

Tiefsee-Tipp

★★★

Was passst nicht?
Achte auf das Ergebnis.

17 - 6	5 + 6	7 + 5	18 - 7	20 - 9
5 + 3	2 + 6	14 - 6	17 - 8	16 - 8
19 - 5	7 + 7	8 + 6	5 + 9	18 - 5

Wenn du hier allein spielst, bearbeite eine Reihe nach der anderen.

Tiefsee-Tipp

★★★
Zu welchem Teil des Bildes passt der Satz?

START

1

Der Seeigel
auf dem Felsen hat
viele Stacheln.

2

Zwei Seepferdchen
spielen mit
Meeresschnecken.

3

Im Seegras
versteckt sich
eine Seeschlange.

4

Ein Fisch hat
einen
Schwimmreifen.

5

Der Seeigel
auf dem Boden hat
keine Stacheln.

1 2 3 4 5

Wenn du hier allein spielst, lies alle Sätze. Lege die Zahlen-Pads auf den passenden Bildausschnitt.

★★★
Ergänze jede Seite auf 17.

Wenn du hier allein spielst, bearbeite erst die eine Sternenzacke, dann die andere.

★★★
Ergänze jede Seite auf 17.

1 2 4 6. 9.

Wenn du hier allein spielst, bearbeite erst die eine Sternenzacke, dann die andere.

Seestern

Finde-Fisch

Setzt euch nebeneinander. Seht unten auf der Buchseite nach, welche Spiel-Pads ihr benötigt. Mischt zuerst die Pads von 1-5 und legt sie verdeckt an den unteren Buchrand. Ein Spieler spielt mit dem roten Spiel-Pad, der andere mit dem blauen.

Jetzt kann es losgehen:
Der jüngere Spieler deckt eines der Zahlen-Pads auf und legt es offen in das Startfeld. Jetzt müsst ihr schnell und genau lesen: Sucht das Feld mit der entsprechenden Nummer und lest den Satz oder das Wort ganz genau.

Wer zuerst die Stelle, die beschrieben wird, im Bild findet, darf sein Kreis-Pad auf die Stelle legen. Hast du richtig abgelegt, darfst du dir das Zahlen-Pad aus dem Startfeld nehmen. Hast du dich vertan, darf dein Mitspieler die richtige Stelle im Bild suchen und mit seinem Kreis-Pad markieren.

Danach startet ihr die nächste Runde. Wieder wird ein Zahlen-Pad aufgedeckt und in das Startfeld gelegt, der entsprechende Satz bzw. das Wort gelesen und die Stelle möglichst schnell mit dem eigenen Kreis-Pad markiert.

Wenn alle Pads aufgedeckt sind, zählt ihre eure gewonnenen Zahlen-Pads. Gewinner ist, wer die meisten Pads gesammelt hat.

Variante für zwei ungleiche Leser:
Deckt abwechselnd die Zahlen-Pads auf. Der bessere Leser liest den entsprechenden Satz laut vor. Erst dann darf von beiden Spielern gelegt werden. Der schnellere Spieler, der sein Pad richtig ins Bild gelegt hat, erhält das Zahlen-Pad. Wer die meisten Pads gesammelt hat, gewinnt.

Hinweis zur Pflege Ihrer Spiel-Pads:

Die Spiel-Pads sind selbsthaftend und immer wieder ablösbar. Sollten die Klebeeigenschaften nachlassen, können Sie die Pads einfach mit warmem Wasser abwaschen. Anschließend an der Luft trocknen lassen. Es empfiehlt sich außerdem, die Spiel-Pads nach dem Spielen wieder auf den Träger zu kleben.